Chamo-me Frik e já Tenho Dono

Chamo-me Frik e já Tenho Dono

Margarida Fonseca Santos

ilustrações de
Carla Nazareth

EDITORIAL PRESENÇA

FICHA TÉCNICA

Título: *Chamo-me Frik e já Tenho Dono – Histórias do Frik*
Autora do texto: *Margarida Fonseca Santos*
Autora das ilustrações: *Carla Nazareth*

Capa: *Ilustração de Carla Nazareth com arranjo gráfico de Ana Espadinha*
Fotocomposição, impressão e acabamento: *Multitipo — Artes Gráficas, Lda.*
1.ª edição, Lisboa, Novembro, 2005
Depósito legal n.º 233 577/05

EDITORIAL PRESENÇA
Estrada das Palmeiras, 59
Queluz de Baixo
2730-132 BARCARENA
Email: info@presenca.pt
Internet: http://www.presenca.pt

Começou por correr tudo muito bem. Eu já estava há uma semana na loja de animais do centro comercial com os meus irmãos e estávamos a ser escolhidos à razão de um por dia. Sobrávamos eu e a minha irmã castanha clara que, por ser fêmea, parecia não ser tão fácil de vender. A dona da loja estava satisfeita com esta ninhada de *cockers*. Digo isto porque ela se fartava de dizer a todos os clientes que nunca tinha tido uma ninhada tão bonita e que se vendesse tão depressa.

Continuando. Estava eu entretido a roer a orelha da minha irmã, quando entrou um casal com dois filhos, um de colo e outro de oito anos. Gostei da cara dele assim que o vi. Tinha uns olhos brilhantes, trazia uns ténis meio desapertados que me apeteceu logo morder e, mais importante ainda, ajoelhou-se ao pé de mim e já não saiu dali. Foi-me fazendo festas pelos buraquinhos das grades e disse que eu era um cão lindo. Disse aquilo várias vezes, tantas que até a minha irmã lhe tentou morder os dedos por ele não reparar nela.

Vi, espreitando por trás do miúdo, que os pais olhavam para nós com um sorriso daqueles que se vê logo que já tomaram uma decisão, falando baixinho um para o outro e fazendo festas no cabelo do bebé adormecido. Percebi que me ia embora e apressei-me a tranquilizar a minha irmã, que já estava prestes a partir os dentes nas grades de tanta força que fazia para morder o meu futuro dono.

Fiquei com um pouquinho de pena dela porque ia ficar sozinha uns dias. Mas eu tinha ouvido a dona da loja dizer que já tinha um comprador para a cadela castanha e, como não havia mais nenhuma, percebi que era dela que estava a falar.

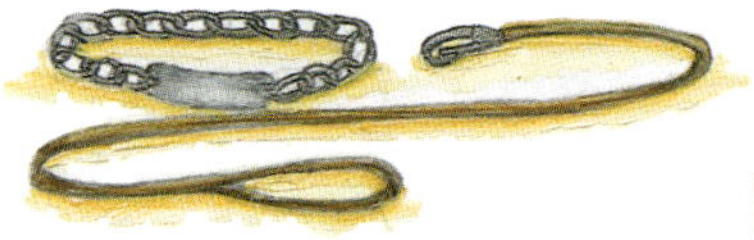

O meu futuro dono não parecia entender o que se estava a passar. Continuou a afagar-me o pêlo, os olhos foram ficando com uma expressão tristonha (devia pensar que nunca poderia ter um cão...) e continuou ali ajoelhado enquanto os pais faziam contas com a dona da loja. Compraram a minha coleira, remédio para as pulgas, uma trela e taças para eu comer. E ele ali a fazer-me festas sem se aperceber de nada. Os pais estavam cada vez mais divertidos por verem que ele tinha a cabeça nas nuvens.

Quando a senhora da loja abriu a portinha de rede e me tirou cá para fora, ele ficou a olhar para mim como se se estivesse a despedir. Mas a senhora pôs-me nas mãos dele e, como ele estava com a boca escancarada e não dizia nada, ela desejou-lhe um bom dia de anos. Só então o meu dono percebeu que a sua prenda de anos era eu! Nessa altura julguei que ia abafar porque ele abraçou-me com tanta força que me faltou o ar. Pôs-se aos saltos, deu beijos aos pais, acordou o irmão com um «Já viste?» dito mesmo na orelha do bebé, que também não me pareceu que pudesse responder por ser tão pequeno.

Saímos do centro comercial logo de seguida. O Pedro, era assim que ele se chamava, segurava-me com uma mão por baixo das patas da frente e outra nas patas de trás como se eu fosse sentado,

tal como a senhora da loja lhe tinha ensinado. De dois em dois segundos, ele encostava a cara à minha cabeça e eu sentia o coração dele a bater com tanta força que fiquei inchado por ser tão importante.

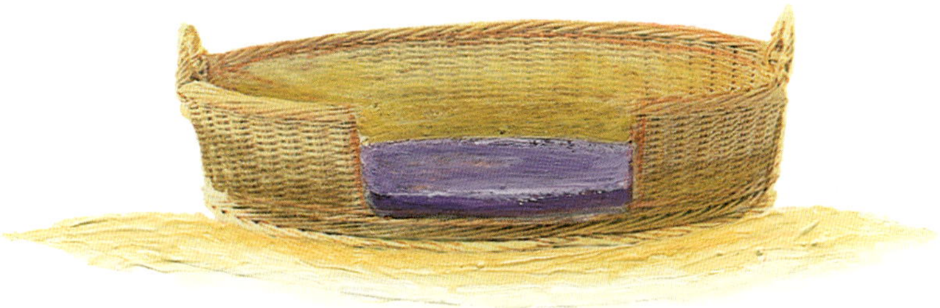

O primeiro dia cá em casa foi muito divertido. Arranjaram-me uma cestinha com um cobertor para eu me deitar, arrumaram as minhas taças num canto da cozinha e puseram-me a coleira (que era prateada e dava bem com a minha cor preta). A trela ficou pendurada perto da porta da

rua. Havia um quintal nas traseiras onde dei umas corridas para desentorpecer as pernas e uma escada para o sótão que eu não subi por ser muito íngreme.

Houve uma reunião de família para decidir o meu nome. O bebé não tinha nenhuma ideia definida, só dizia «bá», «gre», «papa», coisas que não davam para nome. O pai do Pedro achava que devia ser Bobby, mas os outros achavam que já havia quinhentos mil Bobbies por aí. Achei um bocadinho exagerado o número, mas também não me apetecia nada ser Bobby.

A mãe do Pedro lembrou-se de me chamar Frik por eu ter o pêlo do cocuruto da cabeça despenteado... Fiquei Frik.

Acharam todos imensa piada ao nome e eu fui--me habituando aos poucos. Passados trinta minutos já estava muito contente com ele. Deram-me um jantar fantástico — arroz de salsichas. Uma mara-

vilha! Só que nunca mais se repetiu porque lhes disseram que não era próprio para cães (embora eu discorde!).

Como vêem, correu tudo muito bem. Custou-me muito a adormecer na primeira noite, talvez por ter comido de mais. Mas o Pedro acabou por pôr a minha cestinha ao pé da cama dele e foi-me fazendo festas na cabeça. Adormeci num instante.

O dia seguinte é que foi muito perturbador. Estávamos num fim-de-semana, havia muitos convidados para a festa de anos, as mesas da comida estavam lá fora no jardim e a tarde foi uma confusão. Ao fim do dia só ficaram uns primos do meu dono, um rapaz e uma rapariga que dizem ser

gémeos mas que eu não achei nada parecidos. Então aconteceu uma coisa terrível. O Pedro começou a pedir à mãe um cachorro-quente. Não fazem ideia do susto que apanhei! Fiquei paralisado de medo e só tive tempo de reagir porque a mãe gritou da cozinha que era um disparate porque ele se tinha fartado de comer na festa e já não eram horas de comer cachorros-quentes. Fiquei sem saber que horas seriam essas, o que me deixou muito preocupado. Achei melhor esconder-me debaixo de uma

cama. Gani muito por causa da desilusão — o meu dono só gostava de mim porque me queria comer! Senti-me o *cocker* mais infeliz da Terra.

Foi o pai do Pedro quem me descobriu. Ainda tentei ficar lá debaixo da cama, mas ele puxou-me com jeitinho e agarrou-me contra o seu peito. Perguntou-me se eu estava assustado com aquela confusão toda, mas eu não consegui que ele percebesse a minha preocupação. Fez-me imensas festas na cabeça e levou-me para a cozinha. Mostrou-me à mãe do Pedro que ficou comovida com o meu ar infeliz, mas nenhum dos dois percebeu o que me esperava. Foi então que o pai disse:

— Então, sempre lhe vais dar o cachorro-quente?

— Ele pediu tanto! E os primos também querem... É o dia de anos dele...

Tentei soltar-me, saltar para o chão, mas as mãos do pai do Pedro são tão grandes que o meu corpo parecia um novelo preso. Voltou a fazer-me festas na cabeça mas já nada me acalmava. Pensei que me iam cortar aos bocados, comecei a ganir e a tremer, mas ele não me largava. Eu só não percebia por que é que ele me dava tanto mimo. O meu coração estava prestes a rebentar — iam comer-me...!

Chegou o momento — a mãe chamou os miúdos para a cozinha:

— Cachorros-quentes! Venham buscar.

Só aí percebi o que se passava. Estavam a pôr salsichas dentro de pães (só o cheiro chegava para fazer crescer água na boca), punham-lhes um creme amarelo por cima, mostarda, parece-me que foi o que disseram, e os meninos deliciaram-se a trincar aquilo. O Pedro disse:

— Adoro cachorros-quentes!

E chegou a cara ao meu focinho, encostou-se a mim e largou a correr lá para fora. Finalmente sabia o que era aquilo tudo. Cachorro-quente não tinha nada a ver com cães, mesmo pequenos, o meu dono não me ia comer e conti-

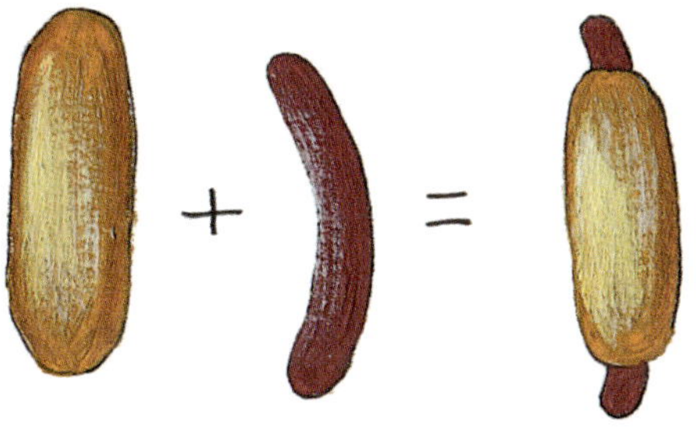

nuava a gostar imenso de mim. Com o cansaço fui ficando muito mole nas mãos do pai. Ainda o ouvi dizer à mãe:

— Estava mesmo cansado e assustado com a festa...

Mas já nem lhe tentei explicar mais nada. Tinha acabado de escapar com vida de uma aventura terrível e estava demasiado cansado. Suspirei fundo e adormeci.